9781836 066 262

AF221012

Usborne

Los músicos del bosque
El concierto de Navidad

Fiona Watt

Ilustraciones: Elisa Squillace

Música: Anthony Marks

Diseño: Nicola Butler

Traducción: Gemma Alonso de la Sierra

Redacción en español: Cristina Fernández Martínez
e Isabel Sánchez Gallego

Al abrigo del frío,
en una acogedora madriguera,
el topo y el conejo ensayan
para el concierto de Navidad.
El conejo marca el ritmo con
el tambor y el topo repiquetea
alegre las placas del carillón.

El oso practica al calor
de una hoguera. La tonada
de su trompeta resuena en el bosque
entre los copos de nieve.

La ardilla también está muy ocupada
ensayando con su instrumento: la flauta.
Cuando sopla con delicadeza por
la boquilla, su nido se llena
de una melodía mágica.

Cada vez que la Sra. Tejón puntea
las cuerdas del arpa, las llamas
de la chimenea parecen bailar
al son de la música.

En una cabaña de las lindes del bosque,
se oye practicar al zorro con el violín.
En cuanto el arco se desliza sobre
las cuerdas, unos alegres acordes
inundan cada rincón.

Los animales se dirigen al ensayo general.
El zorro lleva su violín, el oso trae su trompeta,
el topo carga con su carillón, el conejo se ha colgado
su tambor al cuello, el Sr. Tejón arrastra el arpa...

y la ardilla, que va
la primera, avanza con la flauta
bien sujeta en la mano.

Mientras los músicos ensayan,
los demás animalitos del bosque
andan atareados adornando el establo
con estrellas relucientes, bastones
de caramelo, ramitas de acebo
y lazos de color rojo.

El director alza su batuta y...
¡comienza el concierto!

¡Feliz Navidad
a todos!